Campeones de la World Series: Los Angeles Dodgers

El lanzador Sandy Koufax

El jardinero Matt Kemp

CREATIVE SPORTS

CAMPEONES DE LA WORLD SERIES

LOS ANGELES DODGERS

MEGAN COOLEY PETERSON

CREATIVE EDUCATION/CREATIVE PAPERBACKS

Publicado por Creative Education y Creative Paperbacks
P.O. Box 227, Mankato, Minnesota 56002
Creative Education y Creative Paperbacks son marcas editoriales de The Creative Company
www.thecreativecompany.us

Dirección de arte por Tom Morgan
Diseño y producción por Ciara Beitlich
Editado por Joe Tischler

Fotografías por AP Images (Doug Pizac, Marcio Jose Sanchez, Kevin Terrell), Corbis (B Bennett, Cal Sport Media), Getty (Bettmann, Sean M. Haffey, Hulton Archive, Jim McIsaac, MediaNews Group/Pasadena Star-News, Maxx Wolfson), Shutterstock (Marek Masik)

Library of Congress Cataloging-in-Publication Data

Names: Peterson, Megan Cooley, author.
Title: Los Angeles Dodgers / [by Megan Cooley Peterson].
Description: [Mankato, Minnesota] : [Creative Education and Creative Paperbacks], [2024] | Series: Creative sports. Campeones de la World Series | Includes index. | Audience: Ages 7-10 years | Audience: Grades 2-3 | Summary: "Elementary-level text and engaging sports photos highlight the Los Angeles Dodgers' MLB World Series wins and losses, plus sensational players associated with the professional baseball team such as Clayton Kershaw"-- Provided by publisher.
Identifiers: LCCN 2023015556 (print) | LCCN 2023015557 (ebook) | ISBN 9781640269477 (library binding) | ISBN 9781682774977 (paperback) | ISBN 9781640269712 (ebook)
Subjects: LCSH: Los Angeles Dodgers (Baseball team)--History--Juvenile literature. | Brooklyn Dodgers (Baseball team)--History--Juvenile literature. | Dodger Stadium (Los Angeles, Calif.)--History--Juvenile literature. | Los Angeles Memorial Coliseum (Los Angeles, Calif.)--History--Juvenile literature. | Ebbets Field (New York, N.Y.)--History--Juvenile literature. | World Series (Baseball)--History--Juvenile literature. | National League of Professional Baseball Clubs--Juvenile literature. | Major League Baseball (Organization)--History--Juvenile literature. | Baseball--California--Los Angeles--History--Juvenile literature.
Classification: LCC GV875.L6 P4718 2024 (print) | LCC GV875.L6 (ebook) | DDC 796.357/640979494--dc23/eng/20230412

Impreso en China

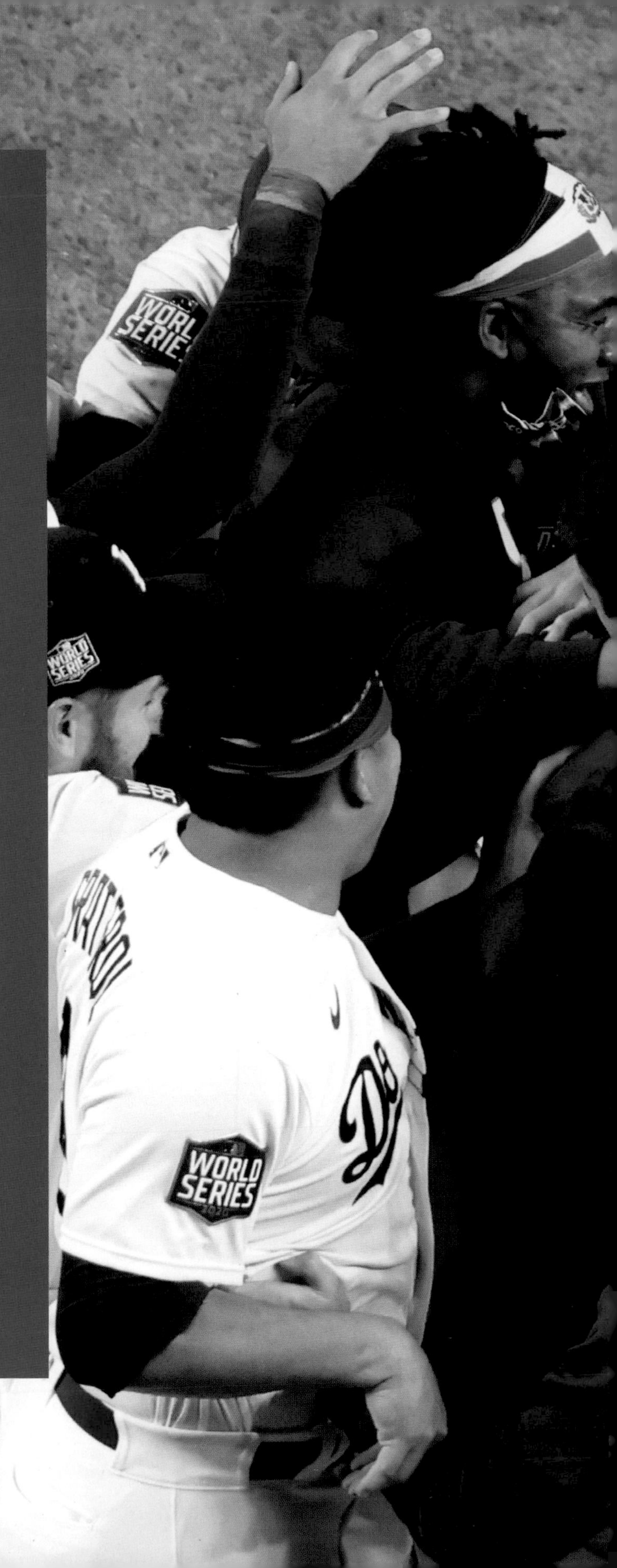

Campeones de la World Series de 2020

El lanzador Clayton Kershaw

CONTENIDO

El hogar de los Dodgers

Los Ángeles, California, está situada en la costa del Pacífico. El equipo de béisbol de los Dodgers juega allísus partidos locales. Los jugadores y los aficionados disfrutan del sol brillando en el **estadio** Dodger Stadium.

Los Los Angeles Dodgers son un equipo de béisbol de la Major League Baseball (MLB). Compiten en la División Oeste de la National League (NL). Sus **rivales** son los San Francisco Giants. Todos los equipos de la MLB quieren ganar la World Series y convertirse en campeones. ¡Los Dodgers lo han hecho siete veces!

El jardinero Mookie Betts

Nombrando a los Dodgers

Los Dodgers jugaron primero en Brooklyn, New York. En ese tiempo, los **trolebuses** recorrían la ciudad. La gente tenía que esquivarlos para cruzar la calle. El equipo se llamó los Brooklyn Trolley Dodgers (del inglés *dodge* que significa esquivar). Más tarde, el nombre se acortó a los Dodgers. El equipo tuvo otros apodos antes de los Dodgers. Entre ellos estuvieron los Robins, los Atlantics y los Superbas.

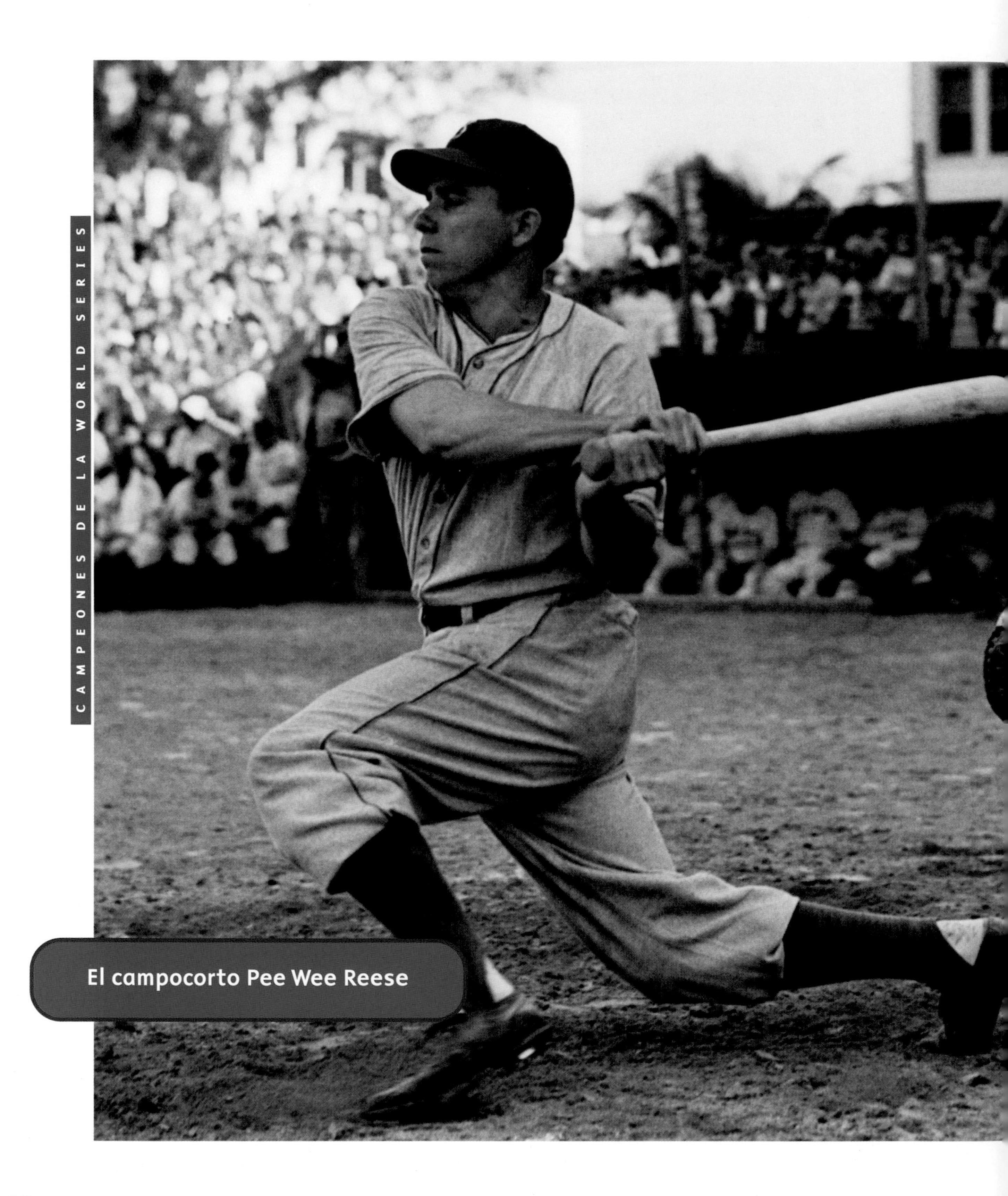

El campocorto Pee Wee Reese

Historia de los Dodgers

Los Dodgers comenzaron en 1884. Se unieron a la National League en 1890. En 1916, aparecieron en su primera World Series. Perdieron frente los Boston Red Sox. Perdieron la World Series de 1920 frente los Cleveland Indians.

Los Dodgers regresaron a la World Series tres veces en la década de 1940. El campocorto Pee Wee Reese lideró al equipo. Pero perdieron a todos.

Los Dodgers se enfrentaron a los New York Yankees en la World Series de 1955. El lanzador Johnny Podres **blanqueó** a Nueva York en el Juego 7. ¡Los Dodgers ganaron su primer campeonato!

El lanzador Johnny Podres

El campocorto Corey Seager

Los Dodgers se mudaron a Los Ángeles en 1958. Volvieron a ganar la World Series en 1959, 1963, 1965 y 1981. Ganaron su sexto campeonato en 1988. En el partido 1, un Kirk Gibson lesionado bateó un jonrón que les aseguró la victoria.

Los Dodgers regresaron a la World Series en 2017 y 2018. Pero perdieron ambas series. Se enfrentaron a los Tampa Bay Rays en 2020. Mookie Betts y Corey Seager batearon dos jonrones cada uno. El lanzador Clayton Kershaw ponchó a los bateadores. ¡Los Dodgers fueron campeones de nuevo!

Otras estrellas de los Dodgers

Muchos de los mejores jugadores de la MLB han jugado para los Dodgers. El segunda base estrella Jackie Robinson se unió al equipo en 1947. Fue el primer jugador negro en la historia de la MLB. Sandy Koufax fue uno de los mejores lanzadores del béisbol. Usó su bola curva para ganar 165 partidos. Los grandes lanzamientos continuaron con Fernando Valenzuela en la década de 1980. Emocionó a los aficionados con sus **tirabuzones**.

El segunda base Jackie Robinson

El primera base
Freddie Freeman

l catcher del Salón de la Fama Mike Piazza empezó su carrera con los Dodgers. Fue nombrado Novato del Año de la NL. También jugó en cinco Juegos de Estrellas consecutivos. El primera base Freddie Freeman es uno de los mejores bateadores del béisbol. ¡Los aficionados esperan que los Dodgers agreguen otro campeonato pronto!

Sobre los Dodgers

Comenzaron a jugar en: 1884

Liga/división: Liga Nacional, División Oeste

Colores del equipo: azul y blanco

Estadio local: Dodger Stadium

CAMPEONATOS DE LA WORLD SERIES:

1955, 4 juegos a 3,
venciendo a los New York Yankees

1959, 4 juegos a 2,
venciendo a los Chicago White Sox

1963, 4 juegos a 0,
venciendo a los New York Yankees

1965, 4 juegos a 3,
venciendo a los Minnesota Twins

1981, 4 juegos a 2,
venciendo a los New York Yankees

1988, 4 juegos a 1,
venciendo a los Oakland Athletics

2020, 4 juegos a 2,
venciendo a los Tampa Bay Rays

Sitio web de Los Angeles Dodgers:
www.mlb.com/dodgers

Glosario

blanquear: lanzar durante todo un partido sin permitir que el otro equipo anote

estadio: un edificio con niveles de asientos para los espectadores

rival: un equipo que juega muy duro contra otro equipo

tirabuzón: un lanzamiento que hace que la bola se mueva en una dirección que el bateador no espera

trolebús: un vehículo de pasajeros movido por electricidad de un cable aéreo

El catcher Mike Piazza

Índice